AF259632

LA CONFISCATION

DES

BIENS D'ORLÉANS

RÉPONSE A M. LE COMTE DE MONTALIVET

PARIS

IMPRIMERIE BALITOUT, QUESTROY ET Cᵉ

7, rues Baillif et de Valois, 18.

ÉVARISTE BAVOUX

ANCIEN DÉPUTÉ, CONSEILLER D'ÉTAT DE L'EMPIRE

LA CONFISCATION

DES

BIENS D'ORLÉANS

DOCUMENTS

PARIS

E. DENTU, LIBRAIRE-ÉDITEUR

Galerie d'Orléans, 17-19, Palais-Royal

1872

LA CONFISCATION

DES

BIENS D'ORLÉANS

§ Ier

Monsieur le Comte,

Vous avez toujours été, à mes yeux, le modèle accompli de la fidélité au gouvernement que vous avez servi avec honneur, de l'exquise courtoisie, de la tolérance aimable pour les opinions différant de la vôtre.

Comment, de cette impartialité de bon goût, êtes-vous brusquement passé à ces attaques violentes, haineuses, acharnées, dont l'expression, dans votre article de la *Revue des Deux-Mondes*, m'a inspiré l'étonnement, dirais-je la stupeur et une vraie tristesse ?

Quoi ! C'est M. le comte de Montalivet, dont le nom, le titre, l'illustration appartiennent au premier Empire et ont fait de lui un jeune pair de France héréditaire ; c'est M. le comte de Montalivet qui accumule tant d'injures sur le second Empire, aujourd'hui tombé. Ah! Monsieur le Comte, au lieu de faire, comme vous, parler les morts, M. Dupin, M. de Morny, qui ont été mes amis, comme les vôtres, je vous demande l'autorisation d'évoquer les paroles d'un vivant, de vous-même:

C'était vers 1860 peut-être. Vous me disiez alors: « J'avais personnellement avec le roi Louis-Phi-
» lippe des liens trop étroits pour pouvoir honora-
» blement m'attacher à un autre gouvernement.
» Mais c'est une situation toute exceptionnelle qui
» n'engage que moi. Quant à mes amis, je leur répète
» sans cesse: « Soyez les hommes de votre pays. La
» France a un gouvernement respectable; l'Empe-
» reur a rendu de grands services, a fait de gran-
» des choses. N'hésitez pas à servir son gouverne-
» ment. » Tel est, Monsieur le Comte, le sens, si-
non le texte d'une pensée qui me frappait si bien dans votre bouche, par sa justesse et son impartialité, que, le soir même, dînant aux Tuileries, je crus vous faire honneur et justice en la rapportant à l'Empereur, qui vous reconnut à ce langage.

Au surplus, votre accueil si affable et si bienveillant vous a toujours assuré, partout où vous êtes, de nombreux auditeurs, parmi lesquels plus d'un sans doute a recueilli de vous ces sages conseils et les a suivis. Leur témoignage, j'en ai la confiance, ne me ferait pas défaut.

Vous vous étonnez avec raison de la susceptibilité ombrageuse de votre ancien camarade, le général Cavaignac qui, en 1848, dans une conférence

avec le général Dumas, aide-de-camp du Roi, rompit
tout-à-coup l'entretien avec son interlocuteur qui,
parlant du comte et de la comtesse de Neuilly, se
servait de cette expression : « Leurs Majestés. »
Votre récit, empreint de ce charme dont vous avez
le secret, signale avec esprit cette faiblesse répu-
blicaine qui s'effarouchait du nom de Majesté,
donné aux derniers souverains de la France. Et
vous ne vous apercevez pas que, de votre côté,
Monsieur le Comte, vous faites bien pis que le général Cavaignac ; et que, dans votre écrit, osant à
peine nommer une ou deux fois l'Empereur, vous
le désignez sans cesse par des circonlocutions
comme celles-ci : « Rêveur couronné. » Souverain
dont la politique n'a jamais cessé de tenir plus ou
moins de la conspiration ou du coup-d'Etat. « *Faux*
» *Napoléon I*ᵉʳ. » |Dictateur du 2 Décembre, etc...
« Auteur de la confiscation. »

La confiscation, ah ! voilà le grand mot. Je vous
le dirai sincèrement, Monsieur le Comte, vous
avez écrit ce long article sous l'empire d'une
idée fixe. Sans doute ces décrets du 22 janvier ont
fait grief aux intérêts dont vous étiez le défenseur
naturel comme ancien Intendant général et exé-
cuteur testamentaire du roi Louis-Philippe ; que
vous les jugiez mauvais, détestables, cela est con-
cevable ; mais, ce qui l'est moins, c'est qu'ils vous
fassent perdre le sang-froid et qu'ils excitent chez
vous une irritation si violente, qu'empruntant à la
presse la plus révolutionnaire son langage, vous
soyez amené à prétendre sérieusement que ces dé-

crets ont été la préface de la confiscation permanente et du socialisme pratiqués pendant vingt ans par l'empereur Napoléon III.

Avez-vous bien, Monsieur le Comte, calculé la portée d'une pareille accusation? Avez-vous réfléchi qu'en parlant ainsi, vous lanciez une sorte d'anathème sur tous ceux qui ont servi ce gouvernement de votre pays, car dans une certaine mesure ils auraient été complices d'actes de confiscation et de socialisme: heureusement c'est une accusation qu'il vous serait impossible de justifier et que vous ne soutenez, Dieu merci, qu'en invoquant ces mêmes décrets, votre préoccupation exclusive, décrets qui peuvent être blâmés ou approuvés, mais qui certainement n'ont pas troublé le repos de la France pendant vingt ans.

Cependant, puisque vous appelez spoliateurs et socialistes les gouvernements qui se sont approprié la fortune des souverains renversés du trône, laissez-moi jeter un regard rétrospectif sur le passé et y puiser des enseignements fort instructifs pour l'examen de la question soulevée par votre article, j'allais dire par votre pamphlet: versé comme vous l'êtes dans ces matières, vous avez sans doute connu tous les détails de ce passé, mais je crains que vous ne les ayez oubliés.

Lorsque l'empire s'écroula en 1814 et que la famille royale des Bourbons reprit possession du trône, qu'arriva-t-il? Tous les membres de la famille régnante, y compris les branches d'Orléans et de Condé, rentrèrent en possession des biens dont ils avaient été dépouillés par la révolution et qui n'avaient pas été aliénés. L'apanage d'Orléans fut même reconstitué; c'était justice : mais le souverain renversé, que devint sa fortune et celle de sa famille? L'empereur Napoléon Ier, qui était en même temps un grand homme et un homme d'ordre, avait réalisé de nombreuses économies sur la liste civile; qu'en a-t-on fait? Qu'on ne dise pas qu'il ne s'agissait point ici de biens patrimoniaux. L'Empereur, qui ne datait que de lui-même, ne pouvait avoir d'autre fortune que celle résultant de ses économies: la lui a-t-on rendue? A-t-il été procédé à une liquidation de sa liste civile? Car, si elle avait des dettes, il fallait les payer, et les économies susceptibles de lui être remises, ne devaient se composer que de l'actif reconnu disponible après l'acquittement du passif. Hélas! cela est triste à rappeler : la liquidation a été bientôt effectuée; les valeurs qui se trouvaient dans le Trésor de la couronne sont entrées au Trésor royal, et tout a été dit. Quant à l'emploi qui a été fait de cet actif, je l'ai vainement cherché dans les documents législatifs de l'époque, et pour en apprécier l'importance, c'est au testament de l'auguste captif de Sainte-Hélène que je suis forcé de m'adresser. Voici l'article 3 de ce testament, daté du 15 avril 1821.

Mon domaine privé étant ma propriété privée, dont aucune loi française ne m'a privé, que je sache, le compte en sera demandé au baron de La Bouillerie, qui en est le trésorier. Il doit se monter à plus de 200 millions de francs, savoir : 1º le portefeuille contenant les économies que j'ai, pendant quatorze ans, faites sur ma liste civile, lesquelles se sont élevées à plus de 12 millions de francs par an, si j'ai bonne mémoire; 2º le produit de ce portefeuille; 3º les meubles de mes palais, tels qu'ils étaient en 1814, les palais de Rome, Florence, Turin compris; tous ces meubles ont été achetés des deniers des revenus de la liste civile; 4º la liquidation de mes maisons du royaume d'Italie, tels qu'argent, argenterie, bijoux, meubles, écuries; les comptes en seront donnés par le prince Eugène et l'intendant de la couronne Compagnoni.

Ce testament mentionne encore d'autres valeurs importantes; je n'en parle pas.

Ce grand acte d'iniquité, qui pouvait avoir été accompli, au commencement du règne, sous l'inspiration d'une pensée de vengeance, a-t-il été réparé? Nullement. Il a été au contraire sanctionné par la loi du 14 janvier 1816, dont l'article 4 est conçu dans les termes suivants :

Loi du 14 janvier 1816

Article 4

Les ascendants et descendants de Napoléon *Buonaparte* (style du temps), ses oncles et ses tantes, ses neveux et ses nièces, ses frères, leurs femmes et leurs descendants, ses sœurs et leurs maris sont exclus du royaume à perpétuité, et sont tenus d'en sortir dans le délai d'un mois, sous la peine portée par l'article 91 du Code pénal. Ils ne pourront y jouir d'aucun droit civil, y posséder aucun bien, titre, pension à eux accordés à titre gratuit, et ils seront tenus de vendre dans le délai de six mois les biens de toute nature qu'ils possédaient à titre onéreux.

Ainsi, la confiscation ne s'applique plus seulement aux biens de l'Empereur, elle s'étend aux biens de tous ses parents, à quelque degré qu'ils soient. On objectera qu'elle n'atteignait que les biens concédés à titre gratuit. Mais, si l'on remontait à l'origine des biens compris dans la donation du 7 août 1830, on trouverait peut-être que cette origine était également gratuite. Pour que les droits de propriété soient respectables et respectés, il semble suffire que les biens aient été concédés d'une manière régulière, c'est-à-dire conformément aux lois existantes au jour de la concession; et, assurément, la possession des membres de la famille de l'Empereur présentait ce caractère de régularité.

Je poursuis : à la date du 22 mai 1816, paraît une ordonnance royale qui révèle l'emploi d'une minime portion du revenu des biens confisqués; je me borne à en reproduire quelques passages :

Louis, etc.

Sur le compte qui nous a été rendu qu'un grand nombre de militaires dotés se sont trouvés, par suite des événements de la guerre, privés de la jouissance des dotations qui leur avaient été accordées en récompense de leurs services et en raison des amputations qu'ils ont subies;

Considérant que si, jusqu'à présent, l'état du trésor du domaine extraordinaire nous a empêché de venir au secours de ces militaires, leur situation n'en n'a pas moins été l'objet de notre sollicitude ;

Que les dispositions de la loi du 12 du mois de janvier dernier, *qui privent les individus de la famille de Buonaparte de tous les biens à eux concédés à titre gratuit, nous permettent de suivre les mouvements de notre cœur paternel envers des sujets arrachés, pour la plupart,* à leurs familles, pour servir des projets ambitieux, dont ils ont été les premières victimes ;

Considérant aussi que, par suite des événements du 20 mars, un certain nombre *de nos fidèles sujets des armées royales de l'Ouest et du Midi* ont reçu des blessures qui les ont mis hors d'état de continuer leur service, *et, voulant leur accorder des secours, dont ils peuvent avoir besoin,* sans que notre trésor royal en soit grevé ;

A ces causes, etc.

Nous avons ordonné et ordonnons ce qui suit :

Article 1

Les biens et revenus provenant de la famille Buonaparte *qui ont fait retour par l'effet de la loi du 12 janvier dernier* sont spécialement affectés aux secours à distribuer aux militaires amputés, ainsi qu'aux donataires du domaine extraordinaire de 6°, 5° et 4° classe *qui nous seront restés fidèles.*

Je vous le demande, Monsieur le Comte, puisque, selon vous, l'empereur Napoléon III a fait un acte de socialisme, en affectant une portion du prix des biens compris dans la donation à des œuvres de bienfaisance, l'ordonnance du 22 mai 1816 n'a-t-elle pas le même caractère? Il y a plus, le gouvernement de la Restauration a duré seize années; ces seize années se sont écoulées sans qu'une modification quelconque ait été apportée à cet état de choses. S'ensuit-il que les règnes des rois Louis XVIII et Charles X n'aient été qu'une longue confiscation?

Mais j'arrive à 1830; j'arrive au gouvernement du roi Louis-Philippe, que j'ai salué, comme vous, avec bonheur; il semblerait que, prenant, malgré lui peut-être, mais que prenant, après tout, la place des princes de la branche aînée des Bourbons qui, en 1814, lui avait rendu tous ses biens, il semblerait, dis-je, que sous son règne les droits de propriété du roi Charles X dussent être sauvegardés; que les lois de 1814 et de 1825 sur les listes civiles qui, comme le sénatus-consulte de 1810, admettaient un domaine privé, propriété personnelle du souverain, ne dussent point être méconnues et foulées aux pieds, comme pour l'empereur Napoléon. Cela est triste à dire. Il n'en a rien été : l'État s'est substitué au souverain dépossédé ; il s'est attribué les quelques millions que laissait finalement l'actif de la liquidation ; et une loi présentée par le Gouvernement lui-même en 1833 sanctionne cette mesure, elle porte la date du 11 août 1834, et son article 1er est ainsi conçu :

« Tous les biens meubles et immeubles, acquis aux frais de la liste civile pendant le règne de Charles X, *sont unis par la déchéance* au domaine de l'Etat. »

Un autre article de cette loi reconnaît, il est vrai, la validité d'une donation que Charles X avait faite à son second fils, duc de Berry, en 1819, avant son avènement au trône ; mais le motif de cette reconnaissance saute aux yeux, il fallait bien se montrer conséquent avec la loi du 2 mars 1832, qui avait admis la donation du 7 août 1830.

D'un autre côté, quand le gouvernement de Juillet proclamait la gloire du premier empire, quand il admettait dans ses conseils toutes les illustrations militaires et civiles qui avaient servi Napoléon Ier, quand il rétablissait sur la colonne la statue du martyr de Sainte-Hélène, quand il ramenait ses cendres aux Invalides, il semblait qu'un de ses devoirs était de modifier les actes de spoliation dont avaient été victimes les membres de sa famille, de leur accorder du moins de légitimes réparations. Non. Le gouvernement de Juillet est resté tout aussi impitoyable que celui de la Restauration; et quand, par voie de pétition, des revendications se sont produites, le silence ou des fins de non-recevoir leur ont été opposés; je me trompe: une exception a été faite en faveur de l'ancienne reine de Naples, à qui une loi des 19-23 juin 1838 a alloué une pension viagère de 100,000 francs, pension dont elle n'a pas joui longtemps, car elle est morte l'année suivante.

C'était là, sans doute, un adoucissement à la rigueur de la législation, et je préfère y voir un commencement de reconnaissance du droit qu'un expédient pour l'éluder; expédient qui, selon vous, aurait motivé la loi du 10 juillet 1856, qui a autorisé l'inscription au Grand Livre de la dette publique d'une rente de 600,000 francs partagée, par portions égales, entre : 1° les héritiers de la reine des Belges; 2° la princesse Clémentine, duchesse de Saxe-Cobourg; 3° les héritiers de la princesse Marie, duchesse de Wurtemberg.

Quoi qu'il en soit, quand la révolution du 24 février est venue briser le gouvernement de Juillet, l'iniquité commise envers les princes de la famille de l'Empereur subsistait tout entière, et aucune des mesures violentes prises soit à leur égard, soit à l'égard des héritiers du roi Charles X n'avait été rapportée. S'ensuit-il que ce gouvernement ait été spoliateur et socialiste, parce qu'il a ou maintenu, ou accompli les actes que je viens de rappeler?

La liste civile du roi Louis-Philippe fut liquidée à son tour, et elle le fut par M. Vavin qui, se plaçant, avec une impartialité et une indépendance parfaites, comme arbitre entre les intérêts de l'État et ceux de la famille royale d'Orléans, a accompli une œuvre de conciliation et de justice que vous louez à juste titre et qui a été un héritage d'honneur pour ses enfants. Le passif de la liste civile et du domaine privé dépassait, déduction faite de l'actif, vingt millions; quinze environ restaient à payer par le roi Louis-Philippe ou par ses héritiers, lorsque les décrets du 22 Janvier, qui étaient des lois, intervinrent et transformèrent l'œuvre de la liquidation, en mettant à la charge de l'État les dettes de la liste civile, et en ordonnant le retour à l'État des biens compris dans la donation du 7 Août.

L'apparition de ces décrets produisit une très-vive sensation dans le monde politique et administratif, cela est vrai. Plusieurs ministres, M. le comte de Morny, M. Achille Fould, M. Magne et M. Rouher, dont vous avez omis le nom, sans doute par mégarde, donnèrent leur démission. Cette retraite spontanée d'hommes qui venaient de se vouer à la cause du nouveau gouvernement attestait du moins, ce me semble, une certaine indépendance; elle n'amena cependant pas le rappel des décrets; et si l'opinion publique s'en émut quelque temps, c'est que la génération d'alors, il faut bien le dire, avait oublié les confiscations exercées en 1814 et en 1830 envers les anciennes familles régnantes ; mais le prince dont la famille avait été spoliée pendant 34 ans, ne les avait pas oubliées : Eût-il mieux fait de ne pas s'en souvenir ? C'est un point qu'il appartient à l'histoire seule d'apprécier, et avant de prononcer son jugement, l'histoire enregistrera cet acte considérable, décisif, cette déclaration solennelle, contenue dans l'article 14 du premier décret, lequel est ainsi conçu : « En considération des présentes, le Président de la république renonce à toute réclamation au sujet des confiscations prononcées en 1814 et en 1815 contre la famille Bonaparte. »

Pourquoi n'avez-vous point parlé de ce grand acte de renoncement? Pourquoi n'avez-vous pas rappelé que ce prince qui exerçait alors tous les pouvoirs, qui tenait dans sa main la fortune de la France, ne s'est servi de sa dictature que pour proclamer en son nom et au nom de sa famille, qu'il ne réclamerait rien de ce qui leur avait été confisqué? Et cette déclaration, contre laquelle ont protesté à voix basse plusieurs de ses parents, n'a point été un vain mot; durant un règne de vingt ans rien n'a été demandé ni pour lui, ni pour aucun membre de sa famille. Voyez aujourd'hui les effets de cet abandon : l'empereur Napoléon III, qui n'a pas réalisé comme son oncle des économies sur sa liste civile, est réduit dans l'exil à une existence indigne de son rang, et la plupart des membres de sa famille sont dans une situation plus que voisine de la gêne. Je ne sais si, comme le dit un des considérants du décret, il restait aux princes d'Orléans, après l'annulation de la donation, une fortune de cent millions; ce qui est certain, c'est que la consolation d'une fortune sinon opulente, au moins convenable, a adouci pour eux l'amertume de l'exil.

J'ai maintenant le devoir, bien que je ne fusse pas conseiller d'État en 1852, de repousser le blâme accentué que vous jetez au Conseil d'État parce qu'il aurait donné son approbation aux décrets du 22 Janvier. Le Conseil d'État n'a point été appelé à délibérer sur les décrets avant qu'ils fussent rendus. Le Conseil d'État délibérant au contentieux et comme tribunal administratif, a jugé qu'une loi rendue devait être exécutée. La mission des tribunaux est en effet d'appliquer les lois. C'est au pouvoir législatif qu'il appartient de les annuler.

Veuillez croire d'ailleurs, Monsieur le Comte, que cette Assemblée, sans faire parade d'une farouche indépendance, a toujours, selon les traditions impériales du Conseil d'Etat (1), exprimé librement sa pensée sur les lois soumises à son examen. Oserai-je vous dire que celui qui, ici, a l'honneur de vous écrire, a souvent, sans la moindre hésitation, combattu, sous la présidence même de l'Empereur, des propositions de son gouvernement. Franchise au surplus facile avec un prince dont vous ne connaissez peut-être pas assez l'impartialité, la douce tolérance et l'em-

______

(1) L'empereur Napoléon Ier répétait sans cesse : « Je veux » qu'on puisse tout dire en mon Conseil d'Etat. » Et cette doctrine y était en honneur.

pressement sincère à chercher la vérité (1).

Dans votre récit de la séance contentieuse du Conseil d'Etat, je me permettrai de relever une erreur. Cette rectification pourra lui enlever une partie de sa solennité dramatique, mais elle lui rendra, en échange, quelque réalité, ce qui est toujours un mérite. Vous faites apparaître M. Baroche au fauteuil de la présidence, dans cette mémorable séance du contentieux, au préjudice de M. Maillard, président de cette section. C'est là votre erreur. Toujours le président du Conseil d'Etat avait le droit, dont il usait assez fréquemment, de venir, dans quelques questions plus ou moins graves, présider cette section, comme toutes les autres, et M. Maillard n'eut certainement pas à *prendre rang parmi les simples membres du conseil.* Il prit, sans aucun doute, selon l'usage, comme le président du conseil lui-même, sous la présidence de l'Empereur aux Tuileries, le premier fauteuil à la droite du fauteuil présidentiel.

Il n'y avait rien là d'inusité ni d'oppressif.

(1) Comme témoignage de la bienveillante gaieté avec laquelle l'Empereur sollicitait la liberté des opinions, quelques journaux ont rapporté que, dans une séance du Conseil d'Etat aux Tuileries, après une discussion où M. Bavoux avait combattu le projet du Gouvernement, quand on en vint au vote, l'Empereur, recueillant les voix par mains levées, dit en riant : « Ah ! Monsieur Bavoux ! parler contre mon projet, c'est bien ; mais lever contre lui vos deux mains, c'est trop fort ! » Méprise qui fit rire l'auditoire, parce qu'en effet un des collègues de M. Bavoux, assis à son côté, levait en même temps que lui la main, de façon que l'Empereur fit la plaisanterie de croire que les deux mains étaient au même votant.

§ II.

Je n'ai pas l'intention, Monsieur le Comte, de vous suivre dans toutes les sinuosités de votre laborieuse argumentation ; mais je ne puis passer sous silence les appréciations politiques que j'ai été étonné de trouver sous votre plume sur un gouvernement tombé. Car un homme d'Etat et un homme de cœur comme vous, qui a eu la douleur de voir s'écrouler le trône d'une dynastie si digne de votre affection et des sympathies publiques, doit connaître par expérience les égarements de l'esprit de parti.

Permettez-moi donc de remettre sous vos yeux, 1° vos accusations actuelles contre le second Empire ; 2° les anciennes accusations contre le gouvernement de Juillet.

Je crois pouvoir vous prouver par ce double tableau que vos accusations contre le second Empire sont identiquement les mêmes que celles qui étaient portées contre le gouvernement de 1830. Que dis-je? Vous jugerez vous-même combien étaient plus violentes celles dont la monarchie d'Orléans a été frappée par vos ennemis de 1848.

Je ne citerai que des extraits de documents officiels, et je me garderai bien des infamies colportées par la passion révolutionnaire, par les fureurs démagogiques, dont votre langage, qui le

croirait, Monsieur le Comte, ne semble plus suffi-
samment respirer l'horreur.

Ainsi vous dites : « L'impéritie du pouvoir im-
» périal, *le vertige d'une tête mal réglée*, les fau-
» tes d'une mauvaise administration, expliquent
» nos désastres militaires. »

Ceci n'est qu'impoli, mais peut, à la rigueur,
passer pour une appréciation politique.

Mais quand vous ajoutez : « Le grand coupable,
» la philosophie de l'histoire le signalera impi-
» toyablement : c'est ce gouvernement qui, au
» lieu de s'adresser aux mâles vertus du peuple
» et de lui en donner l'exemple, aura *exploité*
» *dans son intérêt* ses plus mauvais instincts. »
Que signifient ces mots? De quelle exploitation,
de quels intérêts voulez-vous parler? Pourquoi
ce langage à double entente? Pourquoi ces sous-
entendus?

Pourquoi déclarez-vous ce régime « dépourvu
» de *sens moral?*... » Plus loin : « Livré, dites-
» vous, tout entier aux soins de ses intérêts ma-
» tériels... matérialisant les passions humaines
» au lieu de leur donner un généreux essor ! Il ne
» comprenait pas, selon vous, que plus tard ce
» matérialisme se retournerait contre lui, et
» qu'en même temps, par la force des choses, le
» régime impérial deviendrait de plus en plus
» le gouvernement des appétits excités ou satis-
» faits, et des spéculations téméraires. On ne
» prévoyait pas enfin que Napoléon III tomberait
» moins peut-être sous le poids des fautes que lui

» imposait sa légende, que par l'absence de con-
» trôle indépendant et de *dévouements prêts à*
» *déplaire.* » Enigme inintelligible. — Défaut de
contrôle ; et pourtant vos amis parlementaires
dans les Chambres, dans la presse, dans le mi-
nistère, dans les ambassades qu'ils avaient en-
vahis, proclamaient le parlementarisme, chan-
taient l'inauguration parlementaire de l'Empire. « Jusqu'au moment, dites-vous, où le système
» parlementaire a repris quelque vie sous la *salu-*
» *taire* influence de M. Thiers et d'une *opposition*
» *libérale;* cette absence de toute investigation
» sérieuse, de toute discussion approfondie... »
qu'a-t-elle produit? Faites vous-même le rappro-
chement : pendant dix-huit ans le repos, la pros-
périté, des victoires et la modération dans la
victoire; après quelques mois d'épreuve parlementaire, *salutaire* à M. Thiers seul pour son
avènement à la présidence de *sa* République provisoire, révolution, république, guerre à outrance,
démembrement de la France, commune, incen-
dies, assassinats, massacre général; voilà ce qui
a suivi l'ère parlementaire. La philosophie de
l'histoire, selon vos expressions, signalera impi-
toyablement ces effroyables résultats.

« 'La politique impériale était accoutumée, pen-
» sez-vous, à regarder l'argent comme un instru-
» ment de révolutions. » Où donc avez-vous vu
cela, Monsieur le Comte? J'avais toujours enten-
du parler au contraire de la facilité généreuse de
l'Empereur à des dépenses souvent blâmées par

l'opposition. Jamais l'Empereur n'avait passé pour un homme d'argent ; jamais il n'en faisait réserve ni pour révolutions, ni pour son propre usage.

Un duc d'Orléans, dit la philosophie de l'histoire, était fort intéressé. Ce duc d'Orléans devint roi de France. Ce fut Louis XII, surnommé le *Père du Peuple,* ce qui n'empêchait pas les plaisanteries sur son économie, le représentant malade et avalant, pour se guérir, de l'or ; après quoi il se mettait sur ses pieds. « J'aime mieux, disait-» il gaiement en apprenant ces quolibets, voir les » courtisans rire de mon avarice que mes sujets » pleurer de ma prodigalité. » M. le Comte de Montalivet est sans doute de l'avis de Louis XII, et il a raison ; mais ce n'est pas un motif pour supposer le goût de l'argent aux souverains qui ne l'ont pas.

« Vous déchirez, vous écriez-vous, un coin du » voile qui a si longtemps dérobé aux regards de » la France trompée les procédés d'une politique » fatale, les iniquités du régime impérial. »

Oh ! Oh ! Monsieur le Comte ! Vous n'êtes pas le seul à prétendre au rôle du Christophe Colomb des iniquités impériales. Les spoliateurs de fascicules des Tuileries ont aussi aspiré à cette découverte, et les outres lacérées par eux n'ont produit que des vents stérilement déchaînés.

Votre ancien condisciple, l'honnête, le loyal républicain, général Cavaignac, vous disait un jour : « La république que je veux et que je sers » avec toute l'énergie de mes convictions, si bien

» connues de toi, est le terrain de l'honnêteté et
» du droit, ou elle n'est rien. » Admirable élan
d'une âme sincère qui alors ne vous a pas converti
à sa république.

Mais aujourd'hui, c'est différent : vos nouveaux
amis dont vous parlez avec indulgence et même
avec faveur (*Revue des Deux Mondes*, pages 494,
498-502), MM. Jules Favre, Garnier-Pagès, Thiers
semblent avoir opéré ce miracle. Ne déclarez-vous
pas, en effet, avec votre ancien adversaire sous le
gouvernement de Juillet, M. Thiers, « *honorer les*
» *deux gouvernements de la république* qui, à
» vingt-trois ans de distance, se seront entendus
» pour maintenir le droit sacré de la propriété,
» contre toutes les pratiques de cette politique à
» laquelle notre malheureuse patrie a dû les dé-
» sastres qui l'ont accablée. »

Ainsi, avec MM. Favre et Thiers, vous chantez
la République, vous chantez la Liberté :

« La France a recouvré la liberté, ce bien pré-
» cieux; qu'elle ne le laisse plus confisquer par le
» césarisme qui conspire déjà pour le ressaisir.
» Qu'elle se défie surtout des remèdes héroïques
» qui ont aggravé chaque fois le mal social au lieu
» de le guérir. Qu'elle se rappelle que la liberté,
» réglée par les lois et loyalement pratiquée, lui a
» déjà permis de réparer, avec un succès auquel
» on ne pouvait s'attendre, une partie des ruines
» immenses que l'Empire nous a léguées. La li-
» berté seule peut achever l'œuvre, si bien com-
» mencée, à laquelle M. Thiers a si patriotique-

» ment consacré ses grandes facultés, sous les
» auspices d'une Assemblée souveraine, la plus
» indépendante, la plus libérale peut-être que la
» France ait jamais eue..... Sachez-le bien, le culte
» énergique et désintéressé de la liberté légale est
» la dernière voie de salut ouverte à la société,
» menacée par deux grands ennemis de l'ordre et
» de la dignité humaine, qui se tiennent, s'allient
» souvent et se succèdent toujours : le césarisme
» et la démagogie. »

Pardonnez-moi de troubler un instant l'harmonie si nouvellement établie, au son de la nouvelle République, entre vous et vos récents alliés.

Mais je vous ai promis, après quelques citations de vos reproches au second Empire, celles des reproches ou plutôt (vous consentirez ici à ce changement d'expression), des calomnies adressées au gouvernement de 1830.

En voici donc quelques-unes :

N° 1. — Actes du gouvernement provisoire. Proclamation au peuple Français. Paris, 24 février 1848.

« Un gouvernement rétrograde et oligarchique vient d'être renversé par l'héroïsme du peuple de Paris. Ce gouvernement s'est enfui en laissant derrière lui une trace de sang qui lui défend de revenir jamais sur ses pas. »

Signé : Les membres du gouvernement provisoire.

A l'armée : « Le pouvoir, par ses attentats contre la liberté, le peuple de Paris par sa victoire ont amené la chute du gouvernement auquel vous aviez prêté serment. Une fatale collision a ensanglanté la capitale. »

N° 78. — « Considérant que les lois de septembre, violation flagrante de la Constitution jurée, ont excité, dès leur présentation, la réprobation unanime des citoyens... »

16 mars. — « Le gouvernement provisoire, lui, n'imitera pas les gouvernements usurpateurs de la souveraineté nationale qui corrompaient les électeurs et qui achetaient à prix immoral la conscience du pays. »

8 mars. — « Aux commissaires de la République : Le pouvoir méprisable que le souffle populaire a fait disparaître, avait infecté de sa corruption tous les rouages de l'administration. Ceux qui ont obéi à ses instructions ne peuvent servir le peuple... »

9 mars. — « Dans la monarchie, le prince a des intérêts constamment opposés à ceux de ses sujets. Fût-il animé des meilleures intentions, il est toujours obligé de se faire des créatures qui le soutiennent ; fût-il sage, éclairé, il ne peut faire aucun bien véritable, car il est trompé par des flatteurs qui lui cachent les besoins du peuple. Qu'est-ce donc quand il a de mauvais penchants, quand il est égoïste, avare, familiarisé au mensonge, insensible aux souffrances publiques, indifférent à la dignité nationale? Alors il s'entoure de ministres faibles et corrompus. Il les façonne au mal ; il s'en sert pour abaisser le pays, accaparer

ses richesses, confisquer ses libertés. Il sème partout la division; il cherche à séduire l'armée, c'est-à-dire le peuple, pour écraser le peuple. »

7 avril. — « Le gouvernement doit-il s'abstenir dans les élections? — Non.

» Est-ce à dire que nous imitions les fautes de ceux que nous avons combattus et renversés? Loin de là. Ils dominaient par la corruption et le mensonge, nous voulons faire triompher la vérité; ils caressaient l'égoïsme, nous faisons appel aux sentiments généreux; ils étouffaient l'indépendance, nous lui rendons un libre essor; ils achetaient les consciences, nous les affranchissons. Qu'y a-t-il de commun entre eux et nous ?...

» Ceux qui ont adopté l'ancienne dynastie et ses trahisons, ceux qui limitaient leur espérance à d'insignifiantes réformes électorales, peuvent-ils être les élus du peuple victorieux et souverain? »

13 mars. — « La chute si rapide de l'ex-roi Louis-Philippe, tombé en quelques heures de son trône, et chassé de France par le mépris public, est un grand enseignement.

» Il figurait parmi les monarques les plus puissants de l'Europe. Il en était le plus riche..... Fier de son habileté, il s'appuyait d'une main sur une Chambre des Députés docile, de l'autre sur une armée formidable..... Il est allé pleurer à l'étranger la perte de sa couronne, et jouir de tous les millions qu'il a enlevés à la France..... » (La vérité est qu'il laissait 20 millions de dettes et tous ses biens en France.) « Il s'est constamment appliqué à trom-

per la nation pour lui arracher un à un ses privi-
léges et ses écus. Accroître son pouvoir personnel
et sa fortune, tel a été le but constant de ses efforts.
Pour y parvenir, il a employé mille moyens falla-
cieux; il a consacré une partie de ses trésors à
corrompre. Il s'est cru inattaquable parce qu'il
avait des fonctionnaires serviles. Vainement les
hommes indépendants répétaient-ils que la nation souffrait, qu'elle était abaissée au dehors,
opprimée au dedans, il ne voulait rien enten-
dre.....

» Après Louis-Philippe, qui a cherché à nous es-
camoter nos libertés et notre argent, l'expérience
est faite..... »

Bulletin N° 16. — « Nous n'avons pu passer du
régime de la corruption au régime du droit dans
un jour, dans une heure. »

Bulletin N° 18. — « Qui donc serait assez témé-
raire pour oser rêver une réaction quelconque,
un retour même timide vers un passé légitime-
ment odieux?..... »

Prenons maintenant l'administration des finances.

7 mars. — « Le gouvernement qui vient de tom-
ber conduisait systématiquement vers l'abîme les
finances du pays... Le concert de tous les citoyens
a sauvé la liberté, il sauvera la fortune publique. »

9 mars. — Long rapport Garnier-Pagès, ministre des finances, qui propose l'aliénation des
diamants de la couronne et la conversion de l'ar-

genterie des Tuileries, Neuilly, etc., en monnaie à l'effigie de la République.

« Je ne tarderai pas à établir, dit M. Garnier-Pagès, les bases d'un nouveau budget, d'un budget vrai, sérieux, honnête, en un mot, du budget de la république...

» Quant à la situation générale de la républiq ue, sous le rapport financier, j'estime qu'elle n'a plus rien d'effrayant... Si l'on regarde le passé, l'esprit s'arrête déconcerté; mais si l'on regarde le pays lui-même, l'aspect de ce qu'il peut rassure.

» Le pays veut connaître la vérité sur l'état de ses finances, le gouvernement provisoire de la République la dira tout entière sans haine, sans crainte, mais aussi sans ménagements... Au 1ᵉʳ janvier 1841, le capital de la dette publique, déduction faite des rentes appartenant à la Caisse d'amortissement, était de 4,267,315,402 francs. Le 1ᵉʳ janvier 1848, il s'élevait à 5,179,644,730 francs. Loin de mettre une si longue paix à profit, la dernière administration l'a ainsi augmenté dans des proportions énormes, 912,329,328 francs en sept années.

» Les budgets suivaient la progression de la dette. Celui de 1829 à 1830 se montait à 514,914,000 fr. L'ensemble des crédits mis à la disposition du gouvernement déchu sur l'exercice 1847, s'élève à 1,712,979,639 fr. 62 c. Malgré les accroissements successifs des recettes, les budgets présentaient chaque année un déficit considérable: de 1840 à

1847 inclusivement, la dépense a dépassé la recette de 604,525,000 francs... Les travaux publics entrepris sans mesure sur tous les points du territoire à la fois, pour satisfaire ou fomenter la corruption électorale et non avec cette réserve que la prudence commandait si impérieusement... La dette flottante montait dans des proportions considérables... Sous un pareil régime, la situation de la caisse centrale du Trésor devait être rarement brillante. Pendant les 268 derniers jours de son existence, le gouvernement déchu a dépensé au-delà de ses ressources ordinaires 294,800,000 fr. Onze cent mille francs par jour...

» Quant aux caisses d'épargne, tout le monde en connaît la déplorable histoire : sur 355 millions versés entre les mains de la précédente administration, je n'ai trouvé en compte-courant au Trésor qu'une soixantaine de millions.....

» Ce qui est certain, ce que j'affirme de toute la force d'une conviction éclairée et loyale, c'est que « *si la dynastie d'Orléans avait régné quelque temps encore, la banqueroute était inévitable*..... »

Je pourrais puiser encore, à pleines mains, dans les archives officielles de cette lamentable époque. Je m'arrête. Mais enfin, vous le voyez, Monsieur le Comte, c'est une conformité, une similitude effrayante de style et de pensée entre les détracteurs de 1848 et ceux de 1871. Au point de vue politique, même expression de mépris, mêmes outrages abominables, avec cette différence pourtant que vous ayant promis, après m'être promis à moi-même, de m'en tenir aux documents officiels, je me suis abstenu d'aucune allusion à ces effroyables calomnies qui, sous forme d'imputations odieuses, de procès scandaleux, poursuivaient l'honneur public et privé de la famille royale elle-même, et mettaient tout en œuvre pour chercher à flétrir le gouvernement loyal que vous avez loyalement servi.

Au point de vue financier, même affirmation de désordre, mêmes reproches de prodigalité, de dissimulation. Je vous avouerai même qu'en lisant le rapport officiel ci-dessus de M. Garnier-Pagès, ministre des finances, membre du Gouvernement... provisoire, je croyais vraiment lire le dernier Message de M. Thiers, président de la République..... provisoire.

Quant à vous, Monsieur le Comte, veuillez comprendre et admettre le sentiment qui m'a porté à vous répondre, sans y être assurément provoqué personnellement par vous : ce n'est pas, loin de là, un sentiment d'hostilité contre vous. Depuis le jour où, au 29 juillet 1830, j'avais, bien jeune alors, l'occasion de vous voir à la préfecture de police, venant trouver mon père en votre qualité de colonel de la garde nationale, jusqu'à l'époque où je vous revoyais, place Vendôme, intendant général de la liste civile, j'ai toujours rencontré, chez vous, la distinction d'esprit, l'urbanité la plus gracieuse, et vous en ai toujours gardé le plus précieux souvenir.

Ce n'est pas davantage pour combattre le rappel des décrets du 22 janvier. Telle n'est nullement ma pensée.

Mais l'esprit de parti a, dans votre dernier écrit, transformé, à mes yeux, l'homme politique et produit en mon âme une espèce de révolte involontaire. Vos attaques contre l'Empire semblent avoir mis ses serviteurs vis-à-vis de vous à l'état de légitime défense, les blessant dans leur conscience d'hommes honnêtes et convaincus.

Votre ferveur pour la liberté, votre charité chrétienne pour vos anciens ennemis de 1848, pour les deux Républiques de 1848 et de 1870, m'ont paru invraisemblables et inspirées par un seul entraînement: celui de la haine contre l'Empire. La haine est un mauvais conseiller; ai-je besoin de vous le dire?

J'aime bien mieux ce conseil d'apaisement qui vous a dicté l'avant-dernière phrase de votre écrit: « Quel que soit le nom sous lequel la majo-
» rité du pays veuille se constituer, République
» ou Monarchie constitutionnelle, sacrifions-lui
» nos ressentiments, nos anciennes divisions, nos
» préférences intimes. »

Oui, sacrifions nos dissensions, nos guerres intestines. Au lieu de déchirer la patrie en deuil par nos querelles, entourons-la de notre dévouement.

Est-ce que nous ne sommes pas les soldats de la même cause, la cause de l'ordre et de la société? Sommes-nous donc trop forts, même unis, contre l'ennemi commun qui nous épie, qui guette le moment opportun pour profiter de nos divisions et de nos haines?

Unissons-nous tous contre lui. Consultons franchement le pays; que sa voix prononce; et, sans arrière-pensée, sans réserve, soumettons-nous patriotiquement à son arrêt.

Veuillez agréer, Monsieur le Comte, l'expression de ma haute considération et de mon très-humble dévouement

ÉVARISTE BAVOUX.

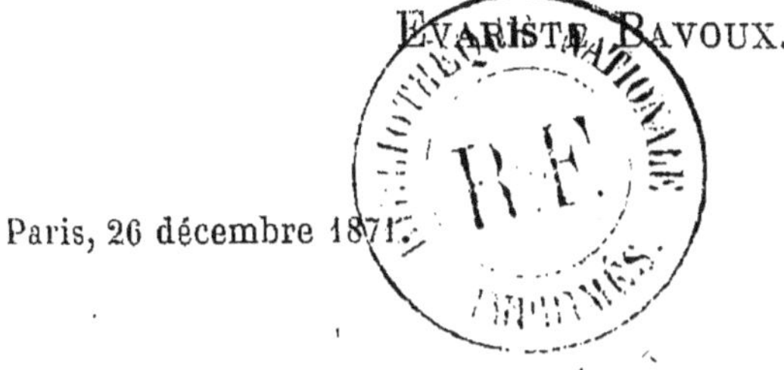

Paris, 26 décembre 1871.